NOTICE BIOGRAPHIQUE

L'ABBÉ

MARIE-LOUIS LORTON

ANCIEN VICAIRE DE LA CLAYETTE

DÉCÉDÉ A CANNES LE 8 DÉCEMBRE 1876

> Consummatus in brevi, explevit
> tempora multa.
> (Sap. iv, 13.)

AUTUN
IMPRIMERIE DEJUSSIEU PÈRE ET FILS
1877

L'ABBÉ

MARIE-LOUIS LORTON

ANCIEN VICAIRE DE LA CLAYETTE

(Extrait de la *Semaine religieuse* d'Autun)

NOTICE BIOGRAPHIQUE

—

L'ABBÉ
MARIE-LOUIS LORTON

ANCIEN VICAIRE DE LA CLAYETTE

DÉCÉDÉ A CANNES LE 8 DÉCEMBRE 1876

> Consummatus in brevi, explevit tempora multa.
> (Sap. IV, 13.)

AUTUN
IMPRIMERIE DEJUSSIEU PÈRE ET FILS
1877

Nous demandons à ceux qui liront ces pages un souvenir dans leurs prières pour l'abbé MARIE-LOUIS LORTON.

L'ABBÉ

MARIE-LOUIS LORTON

ANCIEN VICAIRE DE LA CLAYETTE

Il est bon de raconter les vertus et les exemples de ceux que Dieu a rappelés à lui. Car c'est rendre à leur mémoire un légitime honneur, c'est consoler ceux qui les ont perdus, c'est édifier tous ceux qui lisent ces récits, et surtout, c'est glorifier le Seigneur de qui seul vient toute vertu et toute sainteté. Voilà pourquoi nous allons donner bien simplement quelques détails sur la vie et la mort de M. l'abbé Marie-Louis Lorton, décédé à Cannes le 8 décembre dernier.

Il était né à Vauban, le 11 mars de l'année 1847, au sein d'une famille profondément chrétienne. Quelque temps avant sa naissance, sa mère, ayant lu la vie de saint Louis de Gonzague, répétait souvent : « Oh! que la mère de ce grand saint était donc heureuse d'avoir un enfant pareil! Si le bon Dieu et la sainte Vierge voulaient m'en donner un qui lui ressemblât! » C'est pourquoi elle voulut qu'au baptême on donnât à son fils les noms bénis de Marie et de saint Louis de Gonzague. Dès son enfance Marie-Louis fut initié à la pratique de la vertu ; car son père lui donnait tous les jours l'exemple de l'amour du travail et de la fidélité au devoir. Sa mère ne négligeait rien pour faire naitre dans son jeune cœur la foi la plus vive et la piété la plus tendre. Les vœux de cette pieuse mère commençaient à être exaucés ; l'enfant ne tarda pas à annoncer les plus heureuses dispositions, et bientôt on l'entendit répéter qu'il voulait être prêtre. Déjà aussi on remarquait sa modestie et son recueillement, lorsqu'il priait devant le saint Sacrement. Le vénérable M. Mariller, curé de Saint-Christophe-en-Brionnais, le distingua bien vite parmi les enfants qui fréquentaient l'école de la paroisse. Il reconnut en lui toutes les dispositions d'intelligence et de piété qui pouvaient dans l'avenir promettre à l'Église un prêtre selon le cœur de Dieu. C'est pourquoi il résolut de cultiver avec le plus grand soin cette riche nature et il lui fit commencer ses études de latin. Marie-Louis montra tout de suite une application et une docilité soutenues et il voua dès lors à M. Mariller un attachement et une confiance qu'il a conservés jusqu'à son dernier soupir. Quelque temps après, il fit sa première communion avec une ferveur angélique et Jésus prit pour jamais possession de ce cœur qu'il voulait tout entier pour lui. « Ma conviction, disait M. Mariller quelques jours après sa mort, est qu'il n'a pas perdu l'innocence de son baptême. »

L'année suivante, il entra au petit Séminaire d'Autun. M. le supérieur et tous ses maîtres lui ont toujours rendu ce témoignage, que pendant les sept ans qu'il y passa il fut constamment un élève exemplaire pour la piété, le travail, la docilité et le bon esprit. Aussi n'est-il pas étonnant qu'il ait été aimé de tous ses professeurs, et qu'à son tour il ait eu pour eux, jusqu'à la fin, la plus filiale reconnaissance. Il était également aimé et estimé de tous ces condisciples, qui souvent l'appelaient naïvement le *petit saint*. Ajoutons que chaque année des succès et des couronnes bien mérités venaient récompenser son application à l'étude et sa fidélité à tous les devoirs du Séminaire.

Des dispositions si pleines d'espérance ne pouvaient que se développer au grand Séminaire. C'était là le sol préparé pour donner de l'accroissement à tous ces germes précieux. Aussi ses vénérés directeurs se rappellent-ils avec bonheur sa piété à la fois douce et forte, son humilité si sincère, sa religieuse obéissance, sa fidélité exemplaire à observer le règlement dans tous ses points, son amour du travail, sa gaieté et les charmes de son caractère. Personne n'était plus sérieux que lui au travail et à l'étude, personne n'était plus gai en récréation, ne mettait plus d'entrain dans les conversations. Et cette joie était chez lui une véritable vertu ; car presque toujours il se trouvait dans un état de souffrance qui aurait été de nature à le porter à la tristesse. Les cahiers qu'il a laissés nous apprennent même que Dieu, dans des desseins de miséricorde, l'éprouva longtemps par des peines intérieures, contre lesquelles il eut beaucoup à lutter. Aussi, comme au petit Séminaire, jouissait-il largement de l'affection et de l'estime de tous ses condisciples. Voici ce qu'écrivait l'un d'eux en apprenant sa mort : « Marie-Louis ressemblait à saint Louis de Gonzague à la fois par l'innocence, la douceur et les traits. J'ai vécu longtemps avec lui et je ne me rappelle de sa part ni une parole, ni une action, ni un geste qui ait pu me scandaliser ou m'offenser. Sa société, au contraire, me faisait du bien, et sa conversation me portait à la piété. Tous ses condisciples pourraient lui rendre le même témoignage. »

En parcourant les cahiers où il écrivait au Séminaire les pieuses réflexions que la grâce lui inspirait, surtout pendant les retraites annuelles ou d'ordination, les résolutions qu'il prenait alors, les résumés qu'il faisait des sermons ou des lectures spirituelles, l'on reconnaît, avec une profonde émotion, une âme vivant avec Dieu, tout entière occupée de se sanctifier, de se perfectionner toujours davantage, afin de devenir un saint prêtre. A tout prix, il veut être généreux envers son Dieu et le servir avec le plus grand amour en même temps qu'avec un cœur joyeux, afin de pouvoir plus tard le faire aimer par les autres : Je dois, écrit-il, travailler à ma perfection : c'est là mon affaire, mon travail ; c'est dans l'ordre. Pendant que dans le monde les hommes s'acquittent avec tant de peines et de constance des travaux de leur profession, n'en ferais-je pas autant dans ma sublime vocation ? Sans doute j'aurai des peines, des moments de dégoût, mais n'est-il pas temps que j'apprenne à embrasser la Croix avec bonheur ! Car alors même il faut que la joie et le bonheur dominent. »

Citons aussi quelques lignes de ce qu'il écrivait après son sous-diaconat : « Je suis donc à Dieu, et c'est pour la vie, pour l'éternité. Je puis donc me réjouir tant que je le voudrai. J'ai senti tout ce qu'il y a d'ineffablement doux dans cette union de l'âme avec Dieu ; dans cette pensée : j'appartiens véritablement à Dieu et Dieu m'appartient. Quelle espérance pour mon salut cette céleste union ne me donne-t-elle pas ? Car enfin, après de telles promesses de part et d'autre, serait-il possible que mon Jésus manquât aux siennes et me laissât marcher à ma perte ? Aussi, je ne veux pas seulement être chaste, je veux acquérir avec l'aide de mon Jésus la plus parfaite innocence et pureté de cœur..... O mon Dieu ! que jamais je ne sache ce que c'est que *craindre mes peines* quand il s'agira de vous servir, mais que je connaisse toujours le *bonheur* qu'il y a à faire pour vous tout ce qui coûte..... J'ai demandé à Dieu de me faire plutôt mourir que de permettre que je manque jamais à mes obligations d'une manière grave. Que cette demande reste gravée en traits ineffaçables dans mon âme ! Oui, il n'y a aucun doute, il vaut mille fois mieux mourir. J'espère tout de la grâce de Dieu et de la bonté avec laquelle il a écouté ma prière au jour de son alliance avec mon âme. » Que peut-on ajouter à ces brûlantes paroles, sinon qu'en effet il a sans doute été exaucé ?

Pour lui, aucune occasion de faire des progrès dans la piété n'était perdue. Nous ne pouvons résister au désir d'offrir aux lecteurs de la *Semaine* les pensées suivantes, écrites après un entretien avec un pieux confrère : « Ramener toute sa vie à cette seule pensée : Tout pour la gloire de Dieu, voilà la pureté d'intention, la simplicité, la prudence. Avec cette conviction, toutes nos actions deviennent méritoires. Avec cette conviction, quelle n'est pas notre liberté ! Que le ciel et la terre soient ébranlés, anéantis, peu importe. Celui auquel je suis uni est plus que tout cela, ou plutôt tout cela n'est rien devant lui. Avec cette conviction, quelle n'est pas notre confiance ! Je rapporte à Dieu tout le fonds de mon être, toute ma vie en général, Dieu pourra-t-il me rejeter à cause des détails où je viendrai à lui être infidèle ? Avec quelle *sérénité* je puis donc considérer le présent et envisager l'avenir ! »

Rien de plus touchant que sa dévotion et son amour pour la très sainte Vierge. Il l'appelle à chaque instant sa bonne mère du ciel et il espère tout de son intercession. « Il faut, écrit-il, que je l'aie sans cesse présente à mon souvenir. Je suis appelé au sacerdoce parce que Marie l'a voulu, et si malgré toutes mes infidélités Dieu m'appelle encore, je dois assurément l'attribuer à l'intercession de cette bonne mère. Je dois rester convaincu que les grâces les plus faciles à obtenir sont celles que l'on demande à Marie. Ma confiance en elle doit donc être plus que filiale. »

Souvent aussi se retrouve sur ses lèvres et sous sa plume cette pieuse invocation à son saint patron : Saint Louis de Gonzague, priez pour nous. Obtenez-moi de vous ressembler.

Ce n'était pas seulement le Séminaire qu'il embaumait du parfum de ses vertus. « Pendant les vacances, disait il y a peu de jours le vénérable M. Nevers, curé de Vauban, qui l'avait baptisé et l'aimait comme son enfant, pendant les vacances, il édifiait toute la paroisse par sa modestie et sa piété. Il m'édifiait moi-même par sa constante fidélité à tous ses exercices. »

C'est ainsi qu'il arriva de vertu en vertu, de bénédiction en bénédiction, jusqu'à la fin de son grand Séminaire et il fut ordonné prêtre en 1870. Dieu seul a bien connu la sainte préparation et la généreuse ferveur avec lesquelles il reçut le sacerdoce et célébra sa première messe. Dieu l'en récompensa en faisant goûter à son âme combien il est doux de l'aimer sans partage. C'est ce que nous apprennent les lignes suivantes qu'il écrivit pour lui-même après ces jours si mémorables dans la vie du prêtre : « Cette joie si pure, si calme, qui a rempli mon cœur tout le jour de ma première messe, ne devra jamais être oubliée. En ce beau jour, sans doute, il manquait peut-être quelque chose à la perfection de mon bonheur, mais ce peu qui manquait ne peut être ajouté sur la terre. Il faudra me rappeler bien des fois qu'en ce jour le grand sujet de ma joie était de penser que tous les jours j'aurais le bonheur de monter au saint autel, pour me nourrir du corps et du sang de Notre-Seigneur Jésus-Christ ; que désormais toute ma vie, mon occupation presque continuelle serait de remplir les fonctions ecclésiastiques, fonctions si touchantes, si sublimes. Il ne faut pas que j'oublie ces pensées que j'ai reçues de la libéralité de Dieu. Toutefois ce n'est pas à la dévotion sensible que je dois attacher de l'importance ; c'est à cette disposition de la partie supérieure de la volonté dans laquelle je me trouvais certainement alors, disposition supérieure à toutes les épreuves, à toutes les attaques de l'ennemi, à tous les bouleversements de la partie inférieure. »

Après tout ce que nous venons de raconter ne peut-on pas bien dire : heureuse la paroisse qui devait avoir pour vicaire ce nouveau prêtre au cœur si fervent, n'ayant vraiment d'autre désir et d'autre ambition que la gloire de Dieu et le salut des âmes? Il fut envoyé à la Clayette et il y arriva avec un règlement de vie tout sacerdotal, véritablement écrit sous l'œil de Dieu et en présence des pensées de l'éternité. Oh ! que c'est bien la vie du prêtre dans tous les détails pratiques de ses devoirs si sérieux, dans tout son dévouement à Dieu et aux âmes, du prêtre qui veut absolument se sauver et sauver les autres ! Détachons-en la page suivante sur la science de la Croix que la grâce de Dieu, dit-il, lui avait fait entrevoir au Séminaire, un jour de vendredi saint : « La vue de Notre-Seigneur en croix me donne le courage de sacrifier bien vite tous les plaisirs du péché. Avec la Croix, faire ce qui gêne, faire ce qui coûte, accomplir avec générosité et vertu tous les devoirs les plus pénibles de sa vocation, souffrir sans se plaindre les peines intérieures, les humiliations, les contrariétés qui viennent du prochain, semble tout naturel. La partie inférieure souffre, réclame, mais on ne s'en étonne pas : on sait qu'il y a en soi-même la loi de la grâce et la loi de la chair ; on sait que Notre-Seigneur lui-même a voulu, au jardin des Olives, être soumis à cette épreuve. La partie supérieure ne veut que la Croix : elle voit dans la gêne, dans les devoirs les plus pénibles, dans les souffrances intérieures et extérieures l'expiation de ses péchés et une sauvegarde contre l'orgueil qui mène à la perdition. Elle y voit la conformité la plus véritable avec Notre-Seigneur qu'elle aime uniquement, une attention amoureuse de Dieu qui afflige ceux qu'il aime : elle ne s'en plaint pas, elle craindrait de révéler le secret de Dieu. » Viennent ensuite les résolutions les plus généreuses.

Et son règlement ne fut pas une lettre morte. Il eut le bonheur d'y être courageusement fidèle. Faut-il s'en étonner? Il s'était mis pour cela avec tant de confiance sous la protection de Marie. « J'ai demandé à cette bonne Mère, dit-il, je lui demande de nouveau de me faire mourir avant l'instant où je devrais offenser mon Dieu par une faute grave. Il faut que Marie exauce cette prière. Mon sacerdoce est consacré à Marie. Tout le bien que je ferai, je veux qu'il se fasse par elle. Je compte sur elle pour me sauver des dangers et pour empêcher les funestes conséquences des fautes que je pourrai faire. »

Il trouva à la Clayette un curé bien capable à la fois d'apprécier de si rares qualités et de leur donner, avec l'aide de Dieu, un nouveau développement. M. Tamain reconnut bientôt, en effet, qu'il possédait un vrai trésor d'intelligence et de piété et il lui accorda la plus paternelle affection. Il ne tarissait pas, lorsqu'il faisait l'éloge de son vicaire. A son tour, l'abbé Lorton s'attacha à lui comme à un père, et ceux qui l'ont vu de près savent que jusqu'à son dernier jour il lui resta profondément dévoué. Sa mort a été un véritable deuil pour M. Tamain, qui, en parlant de lui, disait dernièrement à son honneur : « C'était l'âme la plus limpide, la plus pure, la plus docile, n'aimant que Dieu, ne cherchant que Dieu ; c'était le cœur le plus dévoué, le jugement le plus droit et le plus sûr, incapable d'une démarche inconsidérée ; c'était le caractère le plus aimable. Il savait beaucoup ; ce qu'il savait il le savait bien, et tous les jours il augmentait ses connaissances par sa fidélité aux études les plus sérieuses. Enfin, toutes ces belles qualités étaient rehaussées par la candeur de son humilité. »

Aussi ne faut-il pas être surpris de ce que malgré sa jeunesse (il n'avait que vingt-trois ans et demi) et malgré sa physionomie plus jeune encore que son âge, il eut bientôt gagné l'estime et la confiance universelles à la Clayette. Son angélique modestie au saint autel, son recueillement dans le saint lieu où on le voyait si souvent, son zèle pour le salut des âmes, sa douceur pour les enfants et pour les pauvres pécheurs, son dévouement auprès des malades, la prudence et la réserve de ses paroles et de ses manières, le firent par tous regarder comme un saint prêtre. « C'est un saint Louis de Gonzague que nous avons pour vicaire, » disait-on souvent dans la paroisse.

Faut-il ajouter que tous les prêtres du canton avaient pour lui l'amitié la plus cordiale? Nous ne pensons pas qu'il ait jamais fait volontairement la moindre peine à aucun d'eux, et toutes les fois qu'il le pouvait il était toujours prêt à leur rendre service. Nous aimons surtout à nous rappeler comment, pendant les heures dont il lui était possible de disposer, il allait souvent charmer par sa gaieté les derniers jours du vénérable M. Grisard, ancien curé de Mailly, retiré à la Clayette.

Que d'espérances ne devaient pas faire naître de si heureux débuts! Malheureusement la santé de Marie-Louis, qui avait toujours été frêle et délicate, acheva trop vite de s'épuiser au service de Dieu et des âmes. Au bout de trois ans de vicariat, il ressentit les premières atteintes de la maladie de poitrine qui devait nous l'enlever après trois autres années. Durant les premiers temps, se faisant complètement illusion sur la gravité de son mal, il ne voulut écouter que son zèle et continua à remplir toutes les fonctions de son ministère. Mais bientôt la maladie fit des progrès effrayants et, au mois d'octobre 1873, il dut quitter définitivement la Clayette. Toute la paroisse fut désolée de son départ, et longtemps encore on espéra le voir revenir. M. le curé ne pouvait se consoler de le perdre. Pour lui, en s'éloignant, il sentit son cœur se briser. Sans doute, il faisait, en s'inclinant sous la croix, le grand sacrifice que Dieu lui demandait, mais sa volonté était impuissante à retenir les larmes que la tendresse de son cœur faisait couler. « J'accepte bien la volonté de Dieu, » disait-il à son frère qui tâchait de le consoler, « mais je ne puis m'empêcher de pleurer. » C'est qu'il aimait tant la Clayette ! Et encore, partait-il avec l'espoir de revenir après avoir repris ses forces.

Il passa l'hiver de 1873 à 1874, ainsi qu'une partie des années suivantes chez son frère, aumônier au St-Sacrement d'Autun. Là, il ne cessa d'édifier tous ceux qui avaient occasion de le voir, par sa patience toujours égale, par son air toujours content et souriant, par sa pieuse confiance en Dieu et en la sainte Vierge. Comme au Séminaire, comme pendant son vicariat, il mettait en pratique les résolutions suivantes écrites autrefois : « Ce qui doit m'encourager, c'est la compagnie de mon Dieu, c'est une douce familiarité dans tous mes rapports avec lui. Je dois redoubler d'efforts pour acquérir l'amour pour la divine personne de Jésus, mais un amour affectueux et plein de joie dans toutes mes actions. Cela m'est nécessaire. Il faut que ma vie soit une causerie de tous les instants avec ce bon Maître. Il faut que j'imite avec amour la vie intérieure de Jésus et que je fasse de cette pratique le caractère de ma dévotion toute ma vie. »

Nous voyons dans ses cahiers qu'il avait toujours regardé comme une affaire capitale la fidélité à ses exercices de piété. Dans toutes ses retraites, il en faisait l'objet de ses résolutions. Aussi pendant sa maladie les faisait-il tous les jours avec une religieuse exactitude. C'était là, dans ce commerce intime avec Dieu, qu'il puisait cette sérénité, cette paix qu'il ne perdait jamais. Tous les jours également, il faisait une lecture dans l'Écriture sainte et repassait quelques pages de sa théologie. Puis, selon que ses forces le lui permettaient, il lisait quelques livres capables de l'instruire.

Sa vie de souffrance et de langueur était sanctifiée par une entière soumission à la volonté de Dieu. Ainsi acceptait-il le pénible sacrifice qu'il devait faire en gardant le silence qui lui était prescrit par les médecins. Sans doute que Dieu voulait par là le séparer davantage encore des créatures et lui faciliter cette « vie intérieure, ces causeries familières avec Jésus », dont il désirait si ardemment acquérir la sainte habitude. Voilà pourquoi il n'était jamais triste. « Ce qui m'édifiait le plus », disait un ami après sa mort, « c'était cette parfaite égalité de caractère et de douce gaieté dans une si longue maladie. » Les amis charitables qui venaient le visiter se souviennent du bonheur qu'il avait à les voir et du bon sourire avec lequel il les accueillait. Ils se rappellent cette ardoise qu'il prenait en riant pour écrire sa conversation avec eux. Pour lui, il remerciait Dieu de ce qu'il n'était pas victime de l'ennui. « C'est une grande grâce que Dieu et la sainte Vierge me font », disait-il un jour, « car, ce n'est pas naturel, je devrais m'ennuyer, obligé comme je le suis de garder la chambre tout le jour, en sortant d'un ministère actif que j'aimais tant. »

Du reste, il n'avait pas que ses amis de la terre pour lui adoucir la monotonie de ses longues journées de malade. Il savait vivre dans une délicieuse société avec les saints du ciel. C'est ce que nous apprend un petit cahier trouvé après sa mort, en tête duquel nous lisons : « Je ne dois pas négliger d'écrire les pensées consolantes qu'il plaira à Dieu de m'envoyer. Ce sera un moyen d'en graver en moi le souvenir, et je pourrai les relire bien des fois dans ma vie. » Or, dans ce cahier, il écrivait ce qui suit, un jour de fête de sainte Élisabeth de Hongrie, le 19 novembre : « Puisqu'il m'est si doux aujourd'hui de penser à cette sainte, il me faut chaque jour voir dans la fête d'un nouveau saint, la fête d'un ami qui me voit, qui me protège, que je reconnaîtrai et admirerai dans le ciel. Dans cette succession si variée je trouverai chaque jour de nouvelles consolations. Je me rappellerai le caractère spécial de chacun de ces bons saints, et je dirai avec toute la dévotion possible les prières du Missel qui leur sont adressées. » Il parle seulement des prières du Missel, parce qu'il ne pouvait pas dire son Bréviaire.

Puis, trois jours après, fête de sainte Cécile, il ajoutait : « Je me convaincs de plus en plus qu'il y a dans cette pratique le moyen de me ménager les jouissances les plus douces et les plus variées. »

La page suivante achèvera de faire connaître comment il comprenait la manière de sanctifier la vie que Dieu lui faisait : « Dans la situation où Dieu me retient, je dois me rappeler pour ma consolation que l'important n'est pas de faire beaucoup d'actions, ni de considérables, mais de faire les actions ordinaires avec bonne intention, c'est-à-dire pour l'amour ou la gloire de Dieu, en conformité avec sa volonté sainte, et surtout en union avec Notre-Seigneur. La moindre action ainsi faite vaut mieux qu'un empire, vaut même mieux que tous les travaux du saint ministère, s'ils étaient faits dans des vues trop humaines. Ce point-là est capital et peut me tenir lieu de tout autre. Je me rappelle ce que me dit un jour mon confesseur du petit Séminaire (M. Guy Roy, actuellement curé de Couhard) : C'est là le secret de la perfection ; on peut avancer tant que l'on voudra de cette manière, sans chercher rien d'extraordinaire. Je ne dois pas oublier Mgr Cortet nous disant que pour se sanctifier, il faut avoir quelque grand principe auquel on obéisse toujours, un seul, deux au plus. »

Au bout de quelques semaines il se trouva sensiblement mieux. Il en était profondément reconnaissant envers Dieu et la sainte Vierge, à qui il attribuait entièrement cette amélioration. A peu près toujours il faisait pieusement le signe de la croix avant de prendre ses remèdes, et lorsqu'il en éprouvait du soulagement sa pensée était aussitôt d'en remercier Jésus et Marie. « La sainte Vierge m'a enfin fait trouver un remède qui me soulage, » disait-il un jour, tout joyeux. Ces sentiments ne diminuaient pas, bien entendu, sa reconnaissance pour M. le docteur Gillot qui, pendant sa maladie, lui a donné avec tant de dévouement tous les soins d'un ami et d'un ancien condisciple et qui, lui aussi, admirait son charmant caractère, sa docilité et son intelligence.

Au mois de juin 1874, il avait retrouvé assez de forces pour faire avec son frère un pèlerinage à Lourdes et s'acquitter ainsi d'un vœu qu'ils avaient fait ensemble au mois d'octobre précédent. Durant huit jours, il put aller prier à la grotte miraculeuse et satisfaire ainsi sa tendre piété pour la Vierge immaculée. Avec quelles instances, avec quelle confiance ne lui demanda-t-il pas sa guérison, afin de pouvoir travailler encore à la faire aimer ! Il n'était pas dans les desseins de Dieu d'accorder cette guérison tant désirée et d'exaucer dans ce sens bien des prières qui se firent alors à cette intention. Mais du moins, la sainte Vierge lui obtint une amélioration qui dura deux ans. Il pensa que sa bonne Mère n'avait pas voulu le guérir miraculeusement, d'abord, parce qu'il ne le méritait pas du tout, et puis, parce qu'elle voyait bien que les obligations qu'impose un miracle à ceux qui en sont l'objet, auraient été trop lourdes pour sa faiblesse ; mais en même temps, il espéra qu'elle le guérirait peu à peu, en se servant des moyens naturels.

Aux approches de l'hiver, il alla demander au climat du Midi et au beau soleil de Cannes un air plus doux pour sa gorge et sa poitrine qui en avaient tant besoin. La douce Providence le conduisit chez un homme au cœur dévoué, qui consacre sa vie à fonder une œuvre vraiment inspirée par le Dieu de charité. Cette œuvre a pour but de fournir aux prêtres dont la santé réclamerait le séjour du Midi, le moyen d'y passer l'hiver à des conditions moins onéreuses. Puisse-t-elle réussir et s'affermir ! Puisse l'abbé Lorton attirer sur elle les bénédictions du ciel ! Il aimait tant son fondateur, M. l'abbé Chaix, qui, à son tour, lui avait donné toute son affection ! Il a passé de si heureux jours dans la société de ces prêtres, comme lui éprouvés par la souffrance !

Pendant son séjour de deux hivers à Cannes, il s'attira de nouvelles sympathies. Tous ceux qui l'ont connu alors, l'ont apprécié, l'ont aimé et ont ressenti la douce influence qu'exerçaient partout ses aimables vertus. Plusieurs fois des parents chrétiens auraient été heureux de lui confier l'éducation de leurs enfants, s'il avait pu s'en charger. Pendant l'hiver de 75 à 76 il put cependant accepter de donner quelques leçons de catéchisme à trois petites filles qui se préparaient à leur première communion. C'était pour lui un vrai bonheur de pouvoir apprendre à ces cœurs d'enfants à aimer et à servir Jésus et Marie ; il y mettait tout son zèle. « Je sens bien », disait-il à un ami, « que cela me fatigue un peu. Si c'était pour donner des leçons de latin, je ne le ferais pas ; mais je suis content d'employer le peu de forces qui me reste à disposer ces enfants à leur première communion. »

Il avait un très vif sentiment des beautés de la nature. Aussi, quelles jouissances n'éprouvait-il pas à contempler les magnifiques spectacles qu'il avait sous les yeux à Cannes ! Et toujours alors sa pensée montait comme naturellement vers Dieu. L'immensité de la mer, les sommets des Alpes, lui rappelaient les grandeurs et l'immensité de Dieu. Le soleil, qui se couchait au milieu de tant de splendeurs derrière les montagnes de l'Estérel, élevait son cœur vers « le soleil de justice qui éclaire les élus dans le ciel sans se dérober jamais à leurs regards ravis. » Et il aimait à remercier Dieu de toutes ces pures jouissances qu'il lui était donné de goûter dans ce beau pays de Cannes. « Dieu était bien bon », disait-il, « de lui rendre si supportable, par tant d'agréables compensations, l'épreuve de sa mauvaise santé. »

Chaque fois qu'il était de retour chez son frère, au Saint-Sacrement, il édifiait, — ce mot est déjà revenu bien des fois sous notre plume, mais c'est que la vérité l'y ramène souvent, — il édifiait toute la communauté par sa tenue si pieuse, son air si recueilli à la chapelle et surtout à l'autel. C'est qu'il ne perdait pas de vue ces paroles écrites dans son règlement de vie : « La dévotion à l'Eucharistie est la dévotion spéciale du prêtre. L'Eucharistie doit donc être le centre de toute ma vie. Je ne suis prêtre, en résumé, que pour la sainte Eucharistie. Si j'aime ma vocation, quel doit donc être mon amour pour Jésus dans son divin sacrement ! Notre-Seigneur, présent dans la sainte Eucharistie, sera une joie qu'on ne pourra m'enlever. Il sera le confident de toutes mes peines ; je trouverai dans cette communication une grande force pour les supporter. Et puis, je demanderai au Dieu de l'Eucharistie toutes les grâces dont j'aurai besoin. » Les enfants du Saint-

Sacrement, elles aussi, étaient frappées de sa piété. Elles avaient pour lui une véritable vénération et demandaient souvent qu'on les recommandât à ses prières. Il arriva qu'un jour de fête de saint Louis de Gonzague, ce fut lui qui dit la messe à laquelle elles assistaient. En sortant, elles se répétaient entre elles et redisaient à leurs maîtresses : « Aujourd'hui, c'est saint Louis de Gonzague qui a dit la messe. »

Lorsqu'il était à Autun, une de ses consolations, dans sa maladie, était d'aller de temps en temps au grand Séminaire revoir ses anciens directeurs, pour lesquels il avait conservé un si tendre attachement, et leur demander encore des conseils pour sa sanctification. Et son petit Séminaire, comme il aimait à retourner se promener sous ses grands arbres ! Comme il était heureux, lorsqu'il y rencontrait quelqu'un de ses anciens maîtres ou de ses condisciples d'autrefois devenus professeurs !

Nous avons vu que chaque jour Marie-Louis trouvait « les plus douces jouissances » à s'entretenir avec les saints dont l'Église célèbre la fête. Les âmes du purgatoire venaient à leur tour se mêler à la vie de son cœur. Nous croyons qu'il n'est pas possible de lire sans en être touché les lignes suivantes qu'il écrivait à Cannes, le 9 novembre 1875, dans le petit cahier dont nous avons parlé : « Aujourd'hui, j'apprends la mort d'une tante dont l'âme était étroitement unie à la mienne ; elle a quitté ce monde le 4 novembre (1). Aucune séparation ne m'a encore été aussi sensible. Mais combien il m'est doux de penser que c'est une âme sauvée, que je retrouverai, que je reconnaîtrai dans le ciel ! Il me semble que cette âme m'est plus unie que pendant sa vie mortelle, et surtout qu'elle peut beaucoup plus pour ma sanctification et mon salut. A moi, maintenant, de faire qu'elle jouisse le plus tôt possible de la vue de Dieu.

» Je veux faire la liste de tous les défunts qui m'ont été unis par les liens du sang ou de la charité, et je relirai cette

---

(1) Cette tante était morte dans la plus pieuse résignation, âgée d'environ 41 ans, de la maladie dont il était atteint lui-même.

liste de temps en temps. Ce sera à la fois une invocation à celles de ces âmes qui sont déjà dans le ciel, et une prière en faveur de celles qui sont encore dans le purgatoire. De pieux auteurs conseillent cette sorte de litanies, et je comprends bien qu'en retrouvant ces âmes au ciel je serai heureux de l'avoir fait. »

Vient ensuite cette liste où, entre autres noms, nous aimons à lire ceux de M. Farges, son professeur de philosophie, de M. Perrot, son professeur de quatrième, de M. Poujouly, son premier directeur au grand Séminaire, de M. Grisard, dont nous avons parlé plus haut, de Mgr de Léséleuc, de M. Gardette, de M. Perrot, ancien curé de la Cathédrale, qu'il avait bien connu pendant son petit Séminaire, de Mgr de Marguerye, de la vénérée Mère Marie, ancienne Supérieure des Sœurs de la Charité d'Autun, qu'il avait connue lorsque étant grand séminariste il allait dans sa maison faire le catéchisme aux enfants de l'école. Enfin, le dernier nom est celui de la regrettée Mère Marie-Aloysia, supérieure de la Visitation de Paray-le-Monial, morte au mois de septembre dernier. Il ne pouvait l'oublier ; il était si reconnaissant de toutes les prières, de toutes les neuvaines qui ont été faites pour lui dans cette fervente communauté, vers laquelle son cœur se tournait bien souvent ; car c'est là que s'est consacrée à Dieu celle qui est à la fois sa sœur et sa marraine. Et puis il avait une si tendre dévotion pour le Sacré-Cœur de Jésus, dans lequel il ne manquait jamais de déposer ses résolutions et dont il écrivait : « Je crois fermement que c'est le Sacré-Cœur et la sainte Vierge qui m'ont valu et conservé ma vocation, et j'attends d'eux mon salut et tout le fruit de mon ministère. » Que de fois aussi il aimait à écrire cette douce invocation : « Bienheureuse Marguerite-Marie, priez pour nous ! »

Nous venons de parler de sa reconnaissance : oh ! nous désirons que ces lignes tombent sous les yeux de tous ceux qui lui ont fait du bien, afin qu'ils sachent comme il en gardait fidèlement le souvenir. Ayant lu un jour que, d'après saint Thomas, l'amour divin est *congregativus*, c'est-à-dire rassemble, réunit pour les élever en faisceau toutes les forces vraies de notre nature, établit une sainte harmonie entre toutes les facultés morales et toutes les puissances physiques ; il ajoute les réflexions suivantes : « Que cette pensée est profondément vraie ! Si je veux avoir des trésors d'affection dans mon cœur, je dois chercher à y accroître tous les jours l'amour de mon Dieu, et c'est par ce moyen que j'augmenterai aussi en moi et l'amour pour les âmes et la reconnaissance envers tous ceux qui m'ont fait du bien. » Très souvent aussi il renouvelle dans ses cahiers la résolution de prier pour tous ceux qui ont été bons pour lui.

Nous espérons ne pas déplaire aux lecteurs de la *Semaine* en multipliant ces pieuses citations. Nous y avons été encouragé par le bienveillant accueil qui a été fait à celles que nous avons précédemment données, et tout notre désir est que les personnes qui liront ces pages en soient édifiées.

Et puis, pendant sa vie sacerdotale, hélas ! trop courte, Marie-Louis aimait tant la vie cachée ; il était si loin de chercher à paraître et à faire parler de lui : « Je m'appliquerai avec soin », écrit-il dans son règlement, « à ne pas parler de moi, ni de ce qui peut faire ressortir mon propre mérite. Parler aux autres de ce qui les intéresse, c'est la vraie charité. J'aurai soin de ne jamais faire une action par un motif de vanité, d'orgueil, d'amour propre. Je ne tiendrai pas à l'estime des hommes et j'aimerai beaucoup les humiliations. Si jamais l'on me donne des louanges, je les mépriserai et rapporterai tout à Dieu. » Et ces résolutions, ceux qui l'ont connu savent combien il s'attachait à y être fidèle. Après avoir aimé à rester ainsi humble et caché pendant sa vie, il est donc juste qu'il soit glorifié après sa mort. En sa faveur s'accomplit une fois de plus la parole du divin Maître : « Celui qui s'abaisse sera élevé. »

Nous allons donc donner encore à son honneur quelques détails qui nous paraissent intéressants. Dans une petite feuille de résolutions écrites à Cannes, nous trouvons ces paroles simples et touchantes : « Fidélité à offrir chaque jour toutes les peines de ma situation pour le salut des âmes. » Ah ! c'est qu'il aurait tant voulu travailler encore à sauver des âmes. S'il désirait guérir, s'il priait Notre-Dame de Lourdes de lui rendre la santé, s'il demandait des prières à cette intention à tous ceux qu'il avait occasion de voir, c'était afin de pouvoir se consacrer de nouveau au ministère des âmes. « Je voudrais bien, disait-il, pouvoir faire encore quelque bien. » Nous voyons dans ses cahiers et dans son règlement qu'il fait tout converger vers ce grand but de la vie du prêtre. La fin qu'il se propose dans ses études, c'est « toujours la gloire de Dieu par le salut des âmes. » Il veut à tout prix être fidèle à ses exercices de piété, parce que, dit-il, « ils lui serviront autant et plus que l'étude à remplir efficacement son ministère auprès des âmes. » Il veut être humble « parce que sans l'humilité il est impossible d'avoir un ministère fructueux. » Il veut être un saint parce que « beaucoup d'âmes se perdent, si le prêtre a un degré de sainteté de moins que celui qu'il devrait avoir. » Il ne veut chercher que la gloire de Dieu ; « Car, dit-il, quels avantages ne vaudra pas cette habitude aux âmes dont le salut me sera confié ! Je dois me le répéter sans cesse : Ma vocation n'est pas seulement de me sauver, mais d'entraîner avec moi un grand nombre d'âmes. Eh bien ! si ces âmes voient en moi un prêtre qui *ne cherche que la gloire de Dieu*, oh ! alors *mon exemple qui fera plus que mes paroles* les sauvera. Mais pour obtenir ce résultat, il faut que j'arrive à une foi pratique, que j'aie un cœur aimant. » En vérité, il aimait trop les âmes pour ne pas trouver dans ses souffrances le moyen de contribuer encore à leur salut.

Nous l'avons déjà dit, sa confiance en la Vierge, sa douce patronne et sa bonne mère, était celle de l'enfant qui se sent tendrement aimé. Il apprit à Cannes à l'invoquer sous un titre nouveau pour lui. « Il faut, » écrivait-il à son frère, « que je vous parle d'une de mes dévotions de Cannes. Il y a ici une chapelle ou plutôt une église que l'on rebâtit actuellement, dédiée à Marie, sous le titre de Notre-Dame-de-Bon-Voyage. Voici l'origine de ce vocable. Une ancienne tradition raconte que la sainte Vierge apparut un jour à une bergère, et lui dit qu'elle voulait une chapelle en cet endroit. La bergère alla raconter l'apparition aux magistrats qui la crurent, parce que c'était une sainte fille. On bâtit la chapelle, et les femmes de Cannes voulurent qu'on la dédiât à Notre-Dame-de-Bon-Voyage. Toutes à peu près avaient des parents exposés aux périls de la mer, et elles voulaient par là les mettre sous la protection de la sainte Vierge. Pour moi, je pense aussi que la sainte Vierge inspira tout cela, parce qu'elle savait qu'un temps viendrait où de nombreux malades arriveraient à Cannes pour y chercher la santé; et elle voulut promettre à ceux qui se mettraient sous sa protection *un heureux voyage*. Je lui ai promis d'aller dire la messe dans cette église, si elle me faisait sentir sa maternelle protection. J'y irai certainement, puisque tout s'est si bien passé depuis mon arrivée; mais je lui dis qu'elle pourrait faire encore davantage. Invoquez donc quelquefois à mon intention Notre-Dame-de-Bon-Voyage. » C'est dans cette église que la dépouille mortelle de Marie-Louis a été portée et qu'elle a reposé pendant que les prêtres chantaient pour son âme les saintes prières de la liturgie. Nous aimons à penser que la sainte Vierge l'a voulu ainsi, pour nous faire entendre qu'elle a « fait bien davantage, » en effet, qu'elle lui a accordé un « heureux voyage » vers la céleste patrie. Puis, derrière le maître-autel, contre un mur provisoire, a été peint tout le paysage de la grotte de Lourdes, et une belle statue de la Vierge immaculée apparait dans une niche. Il l'avait tant aimée, il l'avait tant priée, la Vierge de Lourdes; c'est donc elle qui a voulu, en quelque sorte, présider à ses obsèques et lui annoncer le repos dans la paix éternelle !

Mais n'anticipons pas. En quittant Cannes, au mois de mai 1876, Marie-Louis revint avec un ami par le nord de l'Italie. Ce petit voyage lui laissa les plus heureux souvenirs. Avec quelle joie il parcourut la route de la Corniche en admirant ses points de vue si pitoresques et si variés ! Avec quel bonheur il visita le *Campo santo* de Gênes avec ses magnifiques mausolées, la merveilleuse cathédrale de Milan et le musée Bréra

avec ses chefs-d'œuvre, la splendide chartreuse de Pavie, etc.!
Ne pouvant pas raconter de vive voix à ses amis tout ce
qu'il avait vu et admiré, il en a écrit le récit. Nous aimons à
y voir que les merveilles des arts, comme les beautés de la
nature, faisaient naître dans son cœur de pieuses pensées. Au
palais Bréra, de Milan, il avait contemplé avec la plus vive
émotion la célèbre peinture où Raphaël a représenté le mariage
de la sainte Vierge et de saint Joseph : surtout, il ne pouvait
se lasser de voir la figure si pure de la Vierge. « Il faut un
véritable effort, » écrit-il à ce souvenir, « pour se détacher de
ce ravissant tableau, et il est impossible de ne pas faire cette
réflexion : si l'on éprouve déjà tant de charme, en présence de
cette image périssable après tout, que sera-ce donc au ciel,
quand nous contemplerons dans sa glorieuse réalité ce visage
dont la beauté ravit les anges et les saints? »

Nous détachons encore de ce récit une page où il raconte
une piquante anecdote de son voyage. Il était avec son ami
dans l'église de Saint-Ambroise, à Milan. Toute une famille
d'étrangers composée d'un homme de haute taille, de deux
dames et de quelques suivantes, visitait en même temps cette
antique basilique, sur le seuil de laquelle le grand saint
Ambroise arrêta le puissant empereur Théodose et lui interdit
l'entrée du saint lieu, en punition du massacre de Thessalonique. Le voyageur dont nous parlons trouvait exorbitant cet
acte d'autorité épiscopale : « On l'explique », ajouta-t-il, « par
ce fait, que Théodose était arien. » Il nous parut, à mon ami
et à moi, qu'il fallait ne point laisser passer une erreur historique de cette force-là. « Monsieur, lui dîmes-nous, Théodose
n'était point arien, c'était au contraire un fervent catholique ;
mais saint Ambroise lui donna cette grande leçon parce qu'il
avait péché en faisant massacrer sept mille de ses sujets à
Thessalonique. — Eh! si, reprit l'étranger, Théodose était
arien, puisque après sa mort les catholiques firent jeter ses
cendres au vent. — Pardon, lui dîmes-nous, ceci n'est pas
historique, bien loin d'avoir profané son tombeau, les catholiques ont toujours regardé Théodose comme un prince très

religieux et un généreux protecteur de l'Église. Peut-être, voulez-vous parler de Théodoric, roi des Ostrogoths au siècle suivant, lequel en effet était arien. — Ah ! oui, c'est juste, je voulais parler de Théodoric. » Là dessus, le voyageur s'éloigna assez peu gracieusement, et, après avoir glissé plusieurs pièces d'or dans la main du sacristain, il sortit. A peine étions-nous seuls, que le sacristain s'empressa de nous dire : « Messieurs, vous venez de vous entretenir avec le prince Frédéric-Charles de Prusse, arrivé hier dans notre ville, à son retour de Rome ; vous avez vu auprès de lui sa femme et sa mère, sœur de l'empereur Guillaume. » Quel ne fut pas notre étonnement, nous avions vaincu en histoire le vainqueur de la France ! » — Depuis son enfance, Marie-Louis avait toujours eu pour l'étude de l'histoire un goût particulier favorisé par une mémoire très heureuse.

Tous ceux qui l'aimaient nourrissaient les plus douces espérances au sujet du rétablissement de sa santé, lorsqu'à la fin du mois de juillet 1876 des symptômes alarmants parurent de nouveau. Il fallut donc de nouveau craindre sérieusement pour cette vie si chère. Lui aussi le comprenait et la pensée de la mort lui revint alors. Ce fut un moment pénible à la nature ; depuis deux ans il avait si grand espoir de guérir ! Mais les pensées de foi et de soumission au bon plaisir de Dieu eurent bientôt dominé les premières impressions d'inquiétude et de tristesse qu'il ne put s'empêcher d'éprouver. Bientôt il eut retrouvé la paix de son âme en tournant son cœur vers son Père céleste, l'objet de tout son amour et de sa plus filiale confiance. « Si le bon Dieu veut m'appeler à lui, » disait-il alors, « je le veux bien, j'aime mieux maintenant que plus » tard ; souvent, plus on avance, plus il en coûte de mourir ; et » puis j'aurai moins de compte à rendre. »

Nous allons d'ailleurs citer ce qu'il écrivait le 31 juillet, dans le petit cahier confident de ses pieuses pensées ; cette page fera connaître les saintes dispositions dans lesquelles il s'appliquait à établir son âme à cette époque : « Dans l'état inquiétant où se trouve ma santé, il sera fait de moi ce que le bon Dieu voudra ; mais par-dessus tout je dois prendre la résolution de conserver toujours la joie et la gaieté. Ce n'est pas impossible avec la grâce de Dieu. La tristesse me ferait souffrir, moi et les autres, et me rendrait la résignation bien difficile. La gaieté au contraire me rendra mes peines très supportables et m'en facilitera la sanctification. *Hilarem datorem diligit Deus.* (1) »

» Si j'ai à souffrir, après tout combien d'autres ont passé par les mêmes souffrances sans avoir les mêmes ressources pour prendre patience !

» Il faudra occuper mes journées qui pourront paraître longues ; mais je suivrai avec exactitude la série de mes exercices de piété : il y a là de quoi chasser toujours l'ennui.

» Enfin, je dois retenir qu'à chaque jour suffit son mal, et que mes difficultés seront toujours au dessous des grâces que Dieu me donnera pour les surmonter.

» Et puis je recourrai à Marie. *Salus infirmorum !* »

Comment ne pas être ému en lisant ces lignes ? Il pense que peut-être son dernier jour n'est pas bien éloigné, et la première résolution qu'il prend sous cette impression c'est de « conserver toujours la joie et la gaieté. » Ah ! c'est que l'amour tendre et familier qu'il a toujours eu pour Jésus et pour Marie établit la paix dans son cœur et le remplit de la douce espérance que l'heure de sa mort lui assurera le bonheur de jouir éternellement de leur bienheureuse présence. Elles s'accomplissaient pour lui ces paroles de son règlement : « Elle est vraiment la plus heureuse de toutes les vies, celle où l'on fait toujours la volonté de Dieu, où l'on se résigne courageusement, quoi qu'en dise la nature, à tout ce que cette volonté a de pénible à certains moments. Les gens du monde trouvent peut-être quelques satisfactions dans les plaisirs de la terre, mais avec les connaissances que j'ai, les grâces que j'ai reçues, le bonheur que j'ai entrevu dans une conformité parfaite à la volonté de Dieu, il est impossible que les plaisirs d'ici-bas remplissent jamais mon

---

(1) Dieu aime celui qui donne avec joie (IIe épitre de saint Paul aux Corinthiens.

cœur fait pour Dieu seul. » Sans doute qu'il se souvenait aussi de ces autres paroles : « Pour ne pas m'attrister, quand j'aurai un sacrifice à faire, je me rappellerai la gracieuse figure de saint François de Sales. »

Et cette résolution d'être toujours joyeux, il l'a accomplie de tous points jusqu'à la fin. Un de ses amis, à qui nous lisions après sa mort les lignes que nous venons de citer plus haut, nous disait : « Il a bien observé sa résolution ; jamais il n'avait été plus gai, plus aimable que pendant les derniers temps. »

Comme il avait repris quelques forces pendant l'automne, il repartit plein d'espérance pour Cannes, à la fin du mois d'octobre. Hélas ! il n'en devait pas revenir. Le premier mois se passa heureusement. Mais, dans la nuit du 21 au 22 novembre, il fut pris tout à coup de vomissements de sang très abondants, qui se renouvelèrent à plusieurs reprises. C'était sa délivrance qui approchait. « N'est-ce pas le signal ? » dit-il à un de ses amis. Il était prêt : la veille, jour de la fête de la Présentation de la très sainte Vierge, il avait, dans une pieuse cérémonie, renouvelé ses promesses cléricales avec tous ses confrères que sa ferveur avait édifiés. Les jours précédents, on avait remarqué aussi que, absorbé devant le saint Sacrement, il avait prolongé ses prières dans la petite chapelle de la villa.

Les derniers jours qu'il a passés sur cette terre n'ont point démenti sa vie tout entière. Le 1er décembre, il reçut le saint viatique et l'extrême-onction avec une piété, une attention, une présence d'esprit dont tous les assistants furent frappés et profondément attendris. La grâce des sacrements vint encore le fortifier dans la patience et dans la résignation à la volonté de Dieu. Aussi, pendant les derniers jours de sa maladie, quoiqu'il souffrît beaucoup de l'extrême difficulté qu'il avait à respirer, jamais une plainte ne lui échappait. « On dirait qu'il a juré de ne jamais se plaindre, » disaient les sœurs de Bon-Secours qui le soignaient avec leur dévouement habituel. A chaque instant, pour s'encourager à souffrir, il portait ses regards avec amour sur un crucifix qu'un de ses amis avait suspendu à la muraille, à côté de son lit. Toutes les fois qu'on lui parlait de Dieu, de la sainte Vierge ou de quelque chose de piété, comme le silence le plus absolu lui était ordonné, sa réponse était un sourire qui vraiment avait quelque chose de céleste. C'était avec ce même sourire qu'il accueillait toujours les amis qui avaient la bonté de venir le voir sur son lit de douleur.

Comme pendant toute sa vie, il mettait en Marie sa plus ferme espérance. Le jour et la nuit, il avait son chapelet à la main dans son lit. Son chapelet, il l'avait tant aimé pendant sa vie. « Je ne m'en dispenserai pas plus que de l'oraison, » écrivait-il dans son règlement, « car c'est une pratique entre toutes chère à Marie. » Après avoir été sa force et sa consolation durant la vie, il a encore été sa force et sa consolation aux approches de la mort.

Jusqu'à son dernier jour, sa confiance en Notre-Dame de Lourdes a été sans limite. N'attendant plus rien des moyens humains, il espérait que Dieu le guérirait par l'intercession de Notre-Dame de Lourdes. A cette intention, il commença une neuvaine avec les sœurs de Bon-Secours. Cette neuvaine finissait le lundi 4 décembre. Ce jour-là, son frère, qui depuis trois jours avait été appelé auprès de lui par une dépêche, lui dit : « Si la sainte Vierge ne te guérit pas aujourd'hui, nous continuerons la neuvaine jusqu'au 8, fête de l'Immaculée Conception, vraie fête de Notre-Dame de Lourdes. » « Oui, répondit-il, mais, espérons pour cette nuit, j'ai grande confiance. » Cette confiance devait être récompensée dans un autre sens.

Le 8, au matin, son frère lui donna une seconde fois le viatique qu'il reçut avec une piété toute céleste et dit ensuite la messe pour lui. C'était le jour que la Vierge Immaculée de Lourdes avait choisi, non pour conserver par un miracle une vie périssable et pleine de misères à son enfant bien-aimé, mais pour lui ouvrir les portes d'une vie incomparablement meilleure. A l'entrée de la nuit, il fut pris d'une fièvre très forte qui, par instant, lui donnait un peu de délire. « O ma sœur! dit-il à celle qui le gardait, donnez-moi donc de la perfection. »

— Mais, Monsieur l'abbé, c'est bien moi qui dois vous en demander. — Quelques moments après il reprit : « Ma sœur, quel travail nous avons à faire ce soir ! — De quel travail voulez-vous donc parler, Monsieur l'abbé ? — Puis, sans répondre à cette question : « O saint Joseph ! dit-il, obtenez-moi la grâce de mourir comme vous. »

Comme il baissait, son frère lui appliqua l'indulgence plénière. Marie-Louis lui demanda alors : « Croyez-vous que c'est l'appel, cette fois ? — Oui, mon cher Marie-Louis, je crois que c'est l'appel, et c'est un beau jour pour l'entendre. — Eh bien ! tant mieux, j'en suis bien content. — Tu offres donc bien au bon Dieu le sacrifice de ta vie ? — Oui, de tout mon cœur. — Trop souvent, reprit son frère, on laisse jusqu'au bout les malades dans l'illusion et ils perdent ainsi en grande partie le mérite du sacrifice que Dieu leur demande. Il faut que tu n'en perdes rien, toi. Tu donnes bien ta vie à Dieu, n'est-ce pas ? — Oh ! oui. — Le bon Dieu te demande encore un sacrifice bien pénible pour toi ; c'est de mourir où tu n'aurais pas voulu mourir, bien loin de ceux qui te sont chers ; tu l'acceptes bien aussi ce sacrifice ? — Oui, certainement. » — Puis après avoir confié à son frère ses dernières recommandations, il lui fit pour adieu la promesse de prier pour lui lorsqu'il serait vers le bon Dieu, de prier pour ses parents, pour ses bienfaiteurs, pour ses amis, pour les enfants du Saint-Sacrement, pour toutes les personnes qui avaient pensé à lui dans leurs prières pendant sa maladie. Ensuite, aussi longtemps qu'il le put, il prononça les doux noms de Jésus, Marie, Joseph, et baisa pieusement le crucifix. Enfin, vers minuit, son âme s'échappa de sa prison. Il était délivré de cette oppression qui l'étouffait et pouvait en pleine liberté respirer l'air pur et serein de la patrie. Pour lui, il n'y avait plus de langueur, plus de maladie, plus de mort. Il allait finir la belle fête de l'Immaculée Conception auprès de Marie qui exauçait ainsi de la manière la meilleure tant de prières faites à son intention.

Sur son lit de mort, sa figure amaigrie mais si calme, si

sereine, si souriante, ressemblait encore et peut-être plus que jamais à saint Louis de Gonzague. Les sœurs qui priaient auprès de lui en étaient frappées. Un homme du monde qui l'aimait beaucoup et regrettait vivement sa mort, le faisait aussi remarquer avec admiration. En vérité, les pieux désirs exprimés par sa mère avant sa naissance se sont donc réalisés pendant sa vie et dans sa mort !

Le lendemain, M. l'abbé Chaix faisait imprimer les lignes suivantes dans les *Échos de Cannes* : « Un jeune et saint prêtre, M. l'abbé Marie-Louis Lorton, du diocèse d'Autun, vient de mourir à la villa des Roses. D'une intelligence rare, d'une piété angélique, d'un caractère on ne peut plus aimable, ce prêtre donnait à l'Église les plus belles espérances, et voilà pourquoi, sans doute, Mgr Perraud, son évêque, juste appréciateur du mérite, l'envoyait tous les ans à Cannes, dans le but de le conserver à son diocèse. Sa mort, édifiante comme sa vie, inspire à tous ses confrères dans le sacerdoce et à tous ceux qui l'ont connu les plus vifs regrets. »

Récemment encore, un de ses bons amis a publié dans le même journal un article auquel nous empruntons ce bel éloge : « Comme saint Louis de Gonzague, il avait peu d'années, mais ces années étaient remplies de mérites. »

En apprenant qu'il n'était plus, tous ceux qui l'ont connu et aimé n'ont eu, en effet, qu'une voix pour dire : « C'était un saint ; Dieu n'a pas voulu attendre plus longtemps pour le récompenser dans un monde meilleur : il est au ciel. » Que de fois nous avons eu la consolation de l'entendre répéter !

C'était si bien l'impression des enfants du Saint-Sacrement, que tout en priant pour le repos de son âme elles voulaient en même temps l'invoquer. Et le jour de la fête de l'Immaculée-Conception, elles disaient à leurs maîtresses : « Vous verrez, le frère de M. Lorton va mourir aujourd'hui, ou bien la sainte Vierge le guérira miraculeusement. »

A la nouvelle de cette mort, un de ses plus chers amis écrivait à un autre : « Le souvenir de la piété, du zèle sacerdotal, de l'admirable patience de notre cher ami, adoucit merveilleusement la peine de son départ, en nous donnant la douce confiance que Dieu l'aura reçu bientôt dans son saint paradis. »

De son côté, la Sœur qui a assisté avec son frère à ses derniers moments écrivait à une de ses compagnes, à Autun : « Je crois avoir été témoin de la patience et de la mort d'un autre saint Louis de Gonzague, et je regarde cela non-seulement comme un bonheur, mais comme une grande grâce que Dieu m'a faite. »

A tous ces témoignages est venu s'en joindre un autre bien plus précieux encore. Quelques jours après, Mgr l'évêque d'Autun avait la bonté d'écrire à son frère : « Je prends une vive part à votre douleur, et, en même temps, je vous félicite d'avoir pu être le témoin et le consolateur d'une mort si édifiante. On peut appliquer à votre pieux frère cette parole de nos saints livres : *Consummatus in brevi, explevit tempora multa* (1). Quel avantage pour lui d'être déjà entré dans cette paix de l'éternité qu'il nous faut encore mériter par tant de labeurs et de souffrances ! »

Ces mots : *Consummatus in brevi, explevit tempora multa*, ainsi appliqués par Monseigneur lui-même à celui que nous pleurons, étaient dès lors naturellement désignés pour être inscrits comme épigraphe en tête de ce récit, et pour être gravés sur sa tombe.

Puis, le 1ᵉʳ janvier, en répondant à l'éloquente adresse de M. le doyen du Chapitre, Sa Grandeur a bien voulu, en présence de tout le clergé de la ville, rendre un public hommage à la mémoire de l'abbé Marie-Louis Lorton. Nous voudrions pouvoir reproduire les paroles si émues et si délicates dont elle s'est servie pour exprimer les regrets que cette mort prématurée lui a inspirés, pour louer les vertus et les saints exemples de ce jeune prêtre, enlevé trop tôt à son affection paternelle, et pour nous donner à tous la douce espérance que nous avons en lui un protecteur de plus dans le ciel. Que Monseigneur

(1) Il a vécu peu d'années, et cependant il a fourni une longue carrière. (Sagesse, chap. IV).

soit béni de ces consolantes paroles auxquelles toute l'assistance s'est vivement associée !

Enfin, le mardi 16 janvier, un service solennel de quarantaine était célébré pour le repos de cette chère âme, dans la chapelle du Saint-Sacrement, à Autun. Son frère était le célébrant et il était assisté de M. l'abbé Antoine, professeur au petit Séminaire, comme diacre, et de M. l'abbé Joannin, vicaire de Notre-Dame, comme sous-diacre, tous deux ses anciens condisciples. Toute la communauté et les enfants des différentes divisions assistaient à ce service. Plus de vingt prêtres, parmi lesquels M. Lelong, vicaire général, M. le supérieur et presque tous les directeurs du grand Séminaire, M. le supérieur et plusieurs professeurs du petit Séminaire, M. Mangematin, vicaire général, M. Pequegnot, chanoine théolagal, et plusieurs pères Oblats, s'étaient empressés de venir donner à l'abbé Marie-Louis cette dernière marque d'affectueux attachement. Des religieuses de toutes les communautés et en même temps un grand nombre de personnes de la ville étaient venues également joindre à son intention leurs prières à celles de l'Église. A son tour, Marie-Louis, nous en avons la confiance, a déjà prié et priera encore pour tous ceux qui lui ont témoigné tant d'intérêt.

Puissent ces pages avoir fait quelque bien à l'âme de ceux qui les auront lues, leur avoir donné quelques pieuses pensées, avoir augmenté dans leur cœur l'amour pour Jésus et pour la très sainte Vierge ! Marie-Louis s'en réjouira au ciel ; car, après avoir pendant sa vie travaillé avec tant de zèle à faire aimer Jésus et Marie, que peut-il désirer maintenant, sinon de les faire aimer encore après sa mort ?

Pour nous qui avons été si édifié et si consolé en écrivant ces lignes à son honneur, nous lui demandons qu'il nous obtienne du Cœur de Jésus, par l'intercession de Notre-Dame de Lourdes, la grâce de vivre et de mourir comme lui !

***

Autun, imprimerie Dejussieu père et fils.

www.ingramcontent.com/pod-product-compliance
Lightning Source LLC
Chambersburg PA
CBHW060514050426
42451CB00009B/986